호미

김선천

현대시학 시인선 063

ㅎ|ㅅ

김선천

충남 서산 출생
1995년 《해동문학》으로 등단

kscwls@daum.net

시인의 말

그동안 쓴 시중에

농기구에 관한 시만 골라보니

300여 편

그러고 보니 나는 많이도 모자란 작물인가 보다

우선 50여 편 정도 엮어 내놓는다

2020년 늦가을

김선천

차례

＊시인의 말

1부

호미 귀?	14
호미	15
호미질	18
께끔떼	20
덜기명석	22
키	24
쇠스랑 1	25
쇠스랑 2	28
키 만들기	30
낫 갈기	32
조리질	34
작두날	36
인두	38
낫	40

2부

짚풀공예 1	44
짚풀공예 2	46
새끼 같은 삶으로	48
아버지의 전정가위 1	50
아버지의 전정가위 2	53
전정가위질과 께끔메질	54
도끼질	55
바가지	56
숫돌	58
돌도끼	60
께끔메질	62
죽가래질	64
또아리	66

3부

께끔메를 찾아서 68

가래를 찾아서 70

가래질 1 72

가래질 2 73

가래질 소리 75

얼멩이와 체 76

얼멩이 78

삽 80

똥삽 84

지게 1 86

지게가 되어 87

지게 2 90

돋학 92

4부

쇠스랑처럼 상처 나는 하루	94
쇠스랑 들고 개자리 파러 가다	95
도리깨 다비식	98
외국 노동자의 낫은	100
요강	102
맷돌	104
다듬잇돌	106
어처구니	107
쟁기질 1	108
쟁기질 2	110
워낭소리	112
농기구박물관	114
다듬이 난타	116
도리깨 난타	118

*해설

농기구는 아버지 어머니 봄이다 | 신달자(시인·대한민국예술원 회원)

1부

호미 귀?

귓불 자루처럼 두툼하게 길게 뻗어 내린
커다란 내 귀가 헛간 기둥 못에
물음표?처럼 걸려 있는 호미 닮았다구?

완전 동의하지 않지만
나는 내 귀가
이른 아침부터 밭에 놓여 야위어가는
어머니 호미처럼

양 귀 쫑긋 시퍼렇게 날 세워
긴 장마 후 텃밭에 무성히 자라는 지심 같은
세상 근심 소리를 깨끗이 매어주고 싶다

호미

생강 들에 착 달라붙어 활활 생 지펴주다
오글오글 잿빛으로 생 다 탈색되어
따내진 구강*에 스는 곰팡이처럼
치매가 하얗게 피어나는 혼자 사시는 어머니

오늘도 치매와 숨바꼭질하는지
두리번거리다 냉큼 호미를 감춘다
지문 닳도록 자루 반지르르하게 손때 입혀가며
거친 땅에 작물 심고 가꾸다
여기저기 상처 물꼬나 반 토막 된
그걸 누가 가져간다고 자꾸만 감추세요
핀잔을 줘도 막무가내다

* 어미 생강

끼니는 종종 걸러도 호미는 별로 놓은 적 없는

비탈진 진장 서낭골 서 마지기 말가웃 다랭이밭 같은

가난한 살림 꾸려나가는 어머니에겐

가장 소중한 보물과도 같은 존재이리

호미를 제자리에 갖다 놓다가

문득 나는 허리 가늘어지고 심하게 구부러진

반 토막 된 어머니 몸이

멀리서 보면 영락없이 호미 닮았으리라 생각한다

세상 개자리에 일찍 홀로 놓여

덜컹 태클 걸며 일어서는 자갈들에 신경질 내는 소와 함께하던

석산 개간지 쟁기질이며

환한 달빛이 괜히 미안해했을 한밤중 지게질과

다 쉬는 한겨울엔 따뜻이 지붕 덮을 이엉 만들기 하는 등

한때 젊은 사람들도 하기 힘든 일을 많이 해서

놀란 듯 하품처럼 쩌-억 크게 입 벌린 동네사람들로부터
사내보다 더 사내답다는 소리 듣곤 하던

불완전한 작물 같은 나는
생의 밭에서 얼마나 요긴하게 썼던가
함부로 대한 만큼 일찍 생이 녹슬고
자주 엿 먹인 만큼 엿가락 하나와도 바꾸기 힘든
가녀린 몸체가 되어가던

오늘 나는 치매 걸린 듯
냉큼 아끼던 문전옥답 팔아서라도
그 호미 감춰놓고 싶다
시설 좋은 요양병원 같은 곳에 모셔놓아
죽음의 사신으로부터 꼭꼭 숨겨주고 싶다

내게 있어서는 그 어느 것보다
귀중하고 소중한 보물이기 때문이다

호미질

남쪽으로 갈수록 호미 날이 뾰족한 건

풀의 뿌리가 깊기 때문이고

호미질하다 자루 흠을 보는 건

힘들고 지루하기 때문이다

사람 잃어버릴 만큼 넓은 밭은

뒤뚱이는 오리걸음으로 매고 매도

표시 잘 안 나는데 자루가 서방님 거시기

닮아서 되는 일이 없다고

만만한 호밋자루만 탓했다

호밋자루같이 짧은 농민정책

호밋자루같이 짧은 소득

호밋자루같이 짧은 행복으로

자꾸만 마음마저 저물어가

점점 길어지는 그림자에는

호미질은 없고

뾰족 날 선 삿대질만 있다

그래그래 다 뿌리 깊은 지심 같은 너희들 때문이다

호미 날에 얻어맞아 구르던 돌멩이가

이해한다는 듯이 고개 끄덕였다

께끔메

께끔메는 까칠한 어머니 혀를 닮았다
아니 어머니 혀는 거친 께끔메를 닮았다

알곡 같은 것들 절구질할 때면 꼭 필요로 하던
그러나 조금은 밥주걱 모양도 해
자식들 말 안 들으면
흥부 뺨 때리듯 철썩철썩 사정없이 때리기도 하는
토방 한 귀퉁이에 지게와 작대기처럼
절굿공이와 늘 함께 놓이던 께끔메

반쯤 부서져 절구통 벽에
누룽지마냥 착 눌어붙어 있거나
물 위에 뜨듯 빻아지지 않고 위로 올라오는
것들을 자꾸만 밑으로 쑤셔 넣듯
왠지 세상 두렵기만 하던 유년시절
뱅뱅 집안에서만 겉돌기만 하는
나를 거칠게 나무라며 자꾸만 세상 속으로 밀어 넣던
떡가루 같은 설태 하얗게 끼던 어머니 혀

집 안 돌아다니는 널빤지 조각
대충 자르고 다듬어 만든 께끔메
지금은 절구질하는 모습 볼 수 없어
농기구박물관에서나 볼 수 있게 됐지만

아직도 어머니 혀는 부지런히 움직여
세상 잠깐 떠돌다 돌아와 다시 방콕하고 있는
나를 가끔 께끔메질 하신다
세상 절굿공이 밑으로 마구 밀어 넣으신다

허구한 날 집구석에만 눌러 박혀 있지 말고
세상 속으로 당당히 들어가
쌀이 동료들과 부서지고 함께 으깨어져
세상 살맛나게 하는 떡살이 된 것처럼
그 무엇이든 한번 되어보라고

널기멍석
— 어머니 이마

불완전한 작물 같은 우리 육남매들 위하여
어머니 몸은 농기구를 닮아가는가?
항상 마음 졸이며 바짝 여윈 몸은
한시도 가만히 놓여있지 못하고 바빴는데

넓고 반듯한 이마는 육남매 편히 뒹굴고
놀 만큼 축축한 마당 한가운데 활짝 펼쳐져
벼들 가득 널어놓고 나중에라도 상하지 않게
발고래질 하여 말려주며 따가운 햇살에 칙칙하게
탈색되어가던 낡고 오래된 널기멍석 같았다

초등학교도 못 다니시어 고무래 놓고도
고무래 정丁도 모르셨지만 자식에 대한
애틋한 정만은 교과서 글씨들만큼이나 가득해
첫 장 넘기지 않아도 마음으로 익히는

일찍 아버지 돌아가시고 혼자 모든 살림
책임져야만 됐던 가운데 다리 없는 사내*

칙칙하게 그을린 그 이마에
잘 키워 도시에 막 부려놓은 논에서
방금 콤바인에 탈곡되어 나온 벼알 같은
우리 육남매들 생각 축축이 가득 널어놓고
마음으로 열심히 발고무래질** 하는 듯

오늘도 햇볕 따갑게 내리 쬐일 때마다
쟁기 지나간 듯 또렷이 굵은 주름 일렁였다.

* 남자처럼 일한다 하여 마을 사람들이 어머니에게 붙여준 별명.
** 어머니는 고무래 대신 발 질질 끌어 고랑 만들며 벼를 말렸다.

키
— 아버지의 등

누룩뱀처럼 뒤트는 두렁만큼이나 개자리가

많이 생기는 다락골 서 마지기 논 풍미벼

같은 우리 육남매 자식농사 키 바닥

무겁게 때리는 굵고 잘 영근 벼알

들 가득 매단 이삭들처럼 가꾸기

위해 바람에 펄럭이는 후박나무

잎처럼 쉴 새 없이 뼈 부딪는

소리 내며 병든 허리 굽혔다

폈다 키질하시던 아버지

넓고 단단하기만 하던

등이 데굴데굴……

굵고 잘 영근 벼알들

같은 땀방울들에 무수히

채여 오늘은 바닥 막창 날 것

같은 뼈대만 앙상한 모습으로

토방 벽 못에 걸리어 가벼이 들썩인다

쇠스랑 1
— 가족

우리 가족은
몇 개의 호미 슴베 같은 발들로 이루어진
쇠스랑 닮았다

우리들 각자는 빛나는 발들 같았고
혼자서는 아무것도 할 수 없는 것이었지만
고르게 선 발들처럼 제자리 맞게 놓이면
삽처럼 땅을 파 엎을 수도
써레처럼 흙덩어리들 부숴 평평하게 해 놓을 수 있는
쇠스랑같이 큰 힘이 됐다

가장 힘 받는 가운데 발과 같은
가장인 아버지가 있었고
그 양 옆으로 어머니와 삼촌이 놓여있었고
양끝 발처럼 우리 형제들이 들놀이처럼 있었는데
일하다 보면 발들 서로 뒤틀리듯 틈이 생겼고
그러면 그 사이로 뜻하지 않은 것들이 끼어들기도 했다

결국 발 많은 쇠스랑 같은
우리 대가족 삶이란
벌어진 틈만큼 불청객처럼 그 무엇이
틈 사이에 끼는 것이거나 그만큼 놓치는 것이었다

어느 날인가 나는 가운데
발 하나 잃어버린 쇠스랑으로 일한 적 있는데
주먹만 한 돌멩이들이 끼어들어 빠져나가지 않았고
구멍 난 그물 같은 것이기도 하여서
그보다 작은 흙덩이들은 그 사이로 쏙쏙 그냥 빠져나가
두세 번 헛손질하게 했다

쟁기 지나간 듯 파도처럼 일렁이는
삶의 이랑들 제일 큰 힘으로 까부수고 평정하던
가운데 발과 같으셨던 아버지의 빈자리가
또한 이와 같이 똑 닮아서
도무지 삶의 쇠스랑질이 안 되는 날들이여

나의 유년시절 우리 가족은 가운데 쇠스랑 발 하나 잃어

농구사의 개자리라 할 수 있는 구석에

폐품처럼 처박혀 있는 쇠스랑 닮아있었다

쇠스랑 2

쇠스랑의
가운데 발이라 할 수 있는
바람 자주 닿는 언덕 자갈밭에서
가족들을 거느리고
제일 큰 힘으로
콩을 심고 보리 심어 가꾸시던 아버지

오늘 신털이봉*에
한줌 흙으로 탁탁 털어내고 왔다.

가운데 발 하나 잃어
삽처럼 땅을 파 엎을 수도
써레처럼 흙을 나라시 하기도 힘든

우리 가족 닮은
쇠스랑 하나

세상사처럼 하얀 뼈마디로

흐르는 굴포천 소리를

벽에 비스듬히 기대어 듣고 있다.

* 지금은 천이 된 굴포운하(뱃길)를 내면서 짚신에 달라붙은 흙을 털어내어 만들어진 산

키 만들기

나는 한때 키 만들기에 도전한 적이 있다
시장에서 사면 금방 해결될 일이었지만
쭉정이같이 살아온 삶들을 반성해볼 겸
해보려는 것이었는데

그런 영근 결심과는 다르게 정말이지 잘 안 됐다
이 산 저 산 헤매어 Y자 닮은 소나무 잘라와 지게 만들고
뒷산에 싸리나무 베어와 삼태기도 만들고
모양 나게 바지게도 여러 개 만들어 보았으나
그것과는 차원이 다른 것이었다
시간과 기술이 필요한 것이라 몇 번 시도하다 말았다

그 대신 술 담배 끊는 모진 마음으로
비닐하우스 지어 특수작물 가꾸며
눈코 뜰 새 없는 노동으로 보내던 어느 날인가
웃통 벗어 땀 식히며 무엇인가 골똘히 생각하느라
대청마루에 걸터앉아 머리 숙여 있었는데

누군가 어깨 딱 벌어진

근육질의 내 등이 키 닮았다고 했다

곡식 고르는 키는 못 만들고

딱딱하게 잘 익은 굵은 땀방울 흘리는 날들이

세상 이롭게 하던 아버지같이

키 모양의 등이 되게 하였구나

나는 나도 모르게 상체 일으켜 세우며

스스로 대견하여 껄껄 영근 웃음 털어냈었다

앞으로도 나는 쉼 없이

허리 굽혀다 폈다 키질하듯 몸 움직여

굵은 땀방울로 등허리 허는

냄새 진히게 풍기는 하루가 되게 하리

낫 갈기

옥 갈지 말아라
낫 갈기 위하여 숫돌 앞에
쪼그려 앉으면 항상 하시던 아버지 말씀이
비문처럼 숫돌에 새겨져 있는 듯
깊고 또렷이 들려왔다
조급한 마음에 낫과 숫돌의 각을 크게 하여
이내 날 세워 일하다 보면
날은 어느새 닳아 없어져 버려
마음 먼저 막막한 절벽이 되고
그만큼 일하기도 힘들어지던 것을
또다시 날 세우려면 얼마나 힘이 드는지
세상은 그리 만만치 않아
한 번에 잘려지는 것 하나도 없듯이
좀 더 시간과 힘이 들더라도
낫의 각을 숫돌과 거의 비슷하게 하여
서해안처럼 비스듬히 넓게 갈아야 하나니

어차피 일하다보면 자연 낫은 조금씩 마모되지만

넓게 갈린 만큼 날은 아직도 많이 남아 있어

일하기가 쉽고 그만큼

낫 갈기 또한 편안해지던 것을

아버지가 나에게 신신당부하던 말씀

옥 갈지 말아라

이 말은 비단 낫 갈기뿐만 아니라는 것을

나는 항상 비문처럼 마음속에 새겨두었다

조리질
― 일일노동자

끄덕

끄덕

알았다는 듯이

……그렇지만

설레

설레

우리가 살아야 할 곳은

언제나 뜨물 자욱한 세상이라고

꼬물

꼬물

값싼 담배 연기 진하게 내뿜으며

하늘 찌를 듯 솟은 인텔리전트빌딩 맞은 편

인력사무소 앞에 납작 짓눌려 서성이던

세상 밥인 일일노동자들

삐걱

삐걱

아무리 건지고 또 건져도

좁쌀만 한 사금 하나 건질 수 없다고

첨벙

첨벙

오늘도 이마 굵은 주름 파도처럼 출렁이며

세상 물살 일으키어 건져 올린 건

깨끗한 하루치 양식이라고

끄덕 끄덕 끄덕

작두날

일찍 남편 잃고
어쩌다 무당이 되어 떠돌다
돌아온 이모
작두날에서 춤을 춘다

신이 난 듯
신이 오른 듯
덩실덩실 더덩실

어찌 보면
이모가 발 디디고 살아온 땅은
작두날보다
더 고단하고 힘들었으리

차라리

시퍼런 작두날 위가 편한지

어깨 들썩이며

춤을 춘다

신이 난 듯

신이 오른 듯

덩실덩실 더덩실

인두

활활 타는 숯불로 달구어진 기구로
주름을 펴던 시절이 있었다

뱀 대가리 같은 인두로
옷의 솔개나 모서리 주름을 펴고
숯불 가득 먹은 오리처럼 생긴 다리미로
교복 날을 세우던 기억이 난다

이렇듯 뜨거움은
주름들도 확 펴는 것인가

꼭두새벽에 일어나
사람 대가리 수로 하루 수입을 파악하는
인력사무소에서 하루치 일을 배정받고
막노동으로 몸을 뜨겁게 달군다

오늘도 한 대갈 한거

웃으면서 맞이해 주는 식구들

몸 뜨겁게 달군만큼

경제적 주름이 조금 퍼지면서

아내의 주름도 조금 엷어지는 것을 느낀다

낫

하루 일양 끝내기도 전 삶의 지뢰처럼 숨은
돌부리에 채일 때마다 사채 일수 이자같이 이 내어주고
바가지 긁어대는 마누라처럼 여린 풀조차 띠끼다
끝내 허름한 농구사 한 귀퉁이 낫집에는
꽂히지 못하고 축축한 수돗가 시멘트 바닥에
사정없이 내팽개쳐져 시뻘겋게 노숙하기도 하던 낫
이른 아침 다시 일 나가기에 앞서
오래된 벼루처럼 움푹 패여 멍처럼 검푸른
숫돌에 몸 박박 비비어 쥐 울음소리 낸다
때 같은 삶의 녹들을 지우고
세상 톱질하고 싶은 듯 톱날처럼 촘촘히
상처 입은 날들도 뽑아버리며 흥건히
앉은 자리 검게 물들여놓는다
그러나 언제나 그러하듯 세상사는 일이 만만치 않음이
빨갛게 코팅된 인부들 장갑처럼 굳은살 두텁게 처발라진
날을 시험하는 엄지손가락에는
조금도 까칠하게 위협적이지 못하여
한 움큼의 돌가루들 각성제처럼 더 털어 넣어지고

독사의 이빨처럼 서슬 푸른 날을 하여

세상 앞에 나선다

그럴 때마다 달아난 만큼의 빛나는 날에

탱자나무울타리 꽃잎 같은 햇살들

분분히 내려와 환하게 웃어주지만

탱자가시에도 상처 하나 입지 않는 비바람에

이내 흩어지는 꽃이파리들 만큼이나 빨리

후려치기가 일품인 황새목을 가지고도

억새풀처럼 다가오는 삶에 되려 후려치기 당해

칼날은 상처받기 일쑤고 또다시

거친 세상 앞에 몇 곡조의 삶을 더 연주하기 위해서는

땀방울 맺히듯 몇 방울 물 뿌려진 거친 숫돌에

가이*로 긁듯 몸 박박 문질러져 젖은 울음 울며

낫은, 날품팔이 삼원조경** 일일 노동자인 나는

그렇게 오늘(낮)도 죽어가야 했다

* 빨래판 같은 악기
** 시골에 있는 제법 큰 조경회사

2부

짚풀공예 1
— 맷방석

알곡 다 털어내고 정년퇴직한

질척이는 논에서 나와

빈둥거리던 한 무리 지푸라기들이

생을 다 탈곡하고 쭈그렁

여기저기 어지럽게 짐처럼 놓이던

빈껍데기뿐인 한 춤의 노인들 데리고

신이 난 듯 자락자락 소리 지르기도 하며

짚풀공예를 한다

짚가리만큼 빙 둘러앉아 장기나 화투로

하루를 까집다 서로 피박 씌워 다투기나 하며

지내던 지난날들을 퉤 퉤 퉤 침 뱉으며

용서 구하듯 두 손 싹싹 비벼

새끼손가락 같은 가는 새끼 만들게 하여

굳어가는 손바닥 구석구석 핏줄 돌게도 하고

약속 걸듯 씨줄 날줄 엮어가며 서운했던

서로의 우정도 새로 짜게 하면서

층층 주름 만들며 살아온 익숙한 손놀림으로

가슴 속 간직한 마음들을 형상케 하는

작대기처럼 기운 마을회관 서쪽 별관

창틈으로 스며든 하루의 진기 다 뽑아낸

짚신털이봉에 올라간 태양이 마지막으로 노을을 펼쳐

세상을 황금빛으로 물들이는 것처럼

마지막으로 이루려는 아름다움

TV 소품이나 24시간 불가마 찜질방 맷방석

같은 것으로나 남고 싶은 것이리라

짚풀공예 2
— 새끼

마당 한 귀퉁이 퇴비장 근처에서나

하릴없이 배 쭉 깔고 드러누워

풀 풀 세월 노랗게 쇠지랑물 문신이나 들이던

한 무더기 지푸라기들이 한해도 저물어가는 늦은 시각

아버지 손에 두세 개씩 차례로 쏙쏙 뽑혀 나와

꽁지를 다른 꼭지에 집어넣어지기도 하면서

자락자락 꽈배기과자처럼 싱싱하게 서로 비비 틀어지고 있었다

도장지처럼 뻣뻣하기만 하던 자존심들

각진 기둥에 철퍼덕 철퍼덕 흠씬 두들겨 맞아

흐물흐물 숨죽여놓고 쇠갈퀴에

한 시절 내내 통통하게 나태함을 배양하던

온몸 두껍게 두른 껍데기마저 훌훌 내던져 버린 뒤

확 뿜어내는 한 바가지 찬물에 마음까지

흠뻑 젖어 정신 바짝 든 채 틀어지다

몸에 뿌려진 물이 환한 불빛에 계집처럼 달아나

심드렁 손바닥에서 겉돌며 뻑뻑해지면

냅다 퉤 퉤 퉤 내뱉는 아버지

걸쭉한 침에 작신 젖기도 하고

좋은 된장 만들겠다며

기나긴 밤 잠 못 이루고 진득하게 앉은

메줏덩어리들이 꼬들하게 말려지면서

방 가득 연신 내뿜는 퀴퀴한 냄새들 찌르는

메기수염처럼 쭈빗쭈빗 틀어지지 않고

뻗대나온 끝들은 한 마디 싫은 내색도 없이

따끔따끔 재빠르게 밑동까지

바짝 쥐어뜯기도 했다

TV 사극 소품 둥그미나

24시 싸우나 찜질방 맷방석 만들 수 있는

미끈한 마디 고운 새끼가 되기 위해

새끼 같은 삶으로

마누라감이 너무 많아서 슬픈 사내

내 지나온 삶을 키에 담고 까붐질 한다면
쭉정이와 검불과 흙탑새기 같은 날들뿐이어서
키의 바닥을 딱딱히 잘 영근 열매 같은
후회의 굵은 눈물방울로
파도처럼 처얼썩 처얼썩 무겁게 때릴 것이네

길가에 아무렇게 뒹구는
막대기*들이 다 내 마누라감이라니

이제 지푸라기같이 값없이 살아온 날들을
퉤 퉤 침 뱉으며 용서 구하듯 두 손 싹싹
비벼 꼬아 하다못해 조경나무뿌리 휘감는
새끼 같은 삶으로 새롭게 태어나리라

* 하릴없이 마당 한 귀퉁이에서 쇠지랑물 문신이나 들이며 보내는 지푸라기들같이 값없이 세월 보내다 40 가까이 장가 못 가고 있는 나에게 아버지는 이젠 허전해서 안 된다며 막대기라도 어떤 작대기라도 있어야 한다고 하셨다.

아버지의 전정가위 1

잘 익은 거름 한 덩어리 주는 것보다
냉정히 쓸데없는 가지 하나 잘라내는 것이
올바른 과수 가꾸기라는 것을 믿는 아버지
한겨울 살에는 바람에 먼저 감각 전지되지만
이내 몸 달싹여 바람마저 전지해내며
당당히 과수원 한가운데 서 있다
찌걱찌걱 전정가위 입 맞물림 될 때마다
마뜩찮은 생각들이 땅에 떨어져 뒹굴었다
교차지들이 기부부터 잘려져 나왔고
깊이 옹이자국 남기며 병지들도 도려내겼다
강정지로 바람과 늘 시비하며 통풍을 방해하던
가지들이 잘려져 쓰러짐과 해거름이 전정됐고
곧잘 끼니조차 솎음전정으로 잘라내며
원하지 않는 수형이나 목적에 맞지 않게 커가는 줄기 끝도
냉큼 잘려져 마침내는 각자 나무들 특성에 따라
변측주간형, 배상형, 원추형, 개심자연형 등으로
완성되어가던 아버지의 전정

안 돼 글쎄 절대 안 된다니까

날카롭게 쏘아붙이는 아버지의 목소리

철없는 욕망 가지넌출처럼 어지럽게

한없이 뻗어내기만 하던 우리 육남매들

행동이 그만 여지없이 전정되었다

침 탁탁 튀기며 입술 달싹여 자꾸만 쏟아내는

아버지의 날선 전정가위 말씀에

도장지처럼 돋아내는 쓸데없는 생각들도

가차 없이 기부부터 잘라져 나뒹굴었고

호기스럽게 곧장 하늘로 무한히 뻗대던

허황된 꿈들도 냉큼 솎음전정 되어졌다

안쓰러움에 흔들리던 당신 마음에 가지 입 꼭 물어 잘라내며

각자 저마다의 개성과 소질에 따라 알맞게 전정히고

유인하여 수형을 만들어가는

아직 삶의 형태도 갖추어지지 않던 어린 육남매 나무들

잘려나간 아픔만큼

농부로, 교사로, 의사로, 자동차기술자 등으로

제법 형이 갖추어져 보다 튼튼히 자라고 있었다

아버지의 전정가위 2

원예종묘기능사1급인 아버지의

전정가위는 조각칼 같았다

무성한 몇 개의 가지들

싹둑싹둑 전지하는가 싶더니

무덤 같던 향나무가 탑이 되기도

거북이 되어 뒤뚱 걸어 나왔다

그렇게 전정된 가지들 주워 모으면

한겨울 방구들 뜨겁게 데울

땔감도 되었는데……

고분고분한 것들과 다른 나는

아직도 쓸데없는 가지들까지 너무 매달아

많은 낙과 만들며 해거름이니 하다

바람 불면 쓰러짐을 걱정하며

볼품없이 살아가는 나무처럼 그냥 살아가고 있구나!

전정가위질과 께끔메질

아버지 입이 냉정히 쓸데없는 가지나 줄기 자르고 다듬어
　나무 형태를 잡아주는 전정가위 같이 우리의 꿈과 행동
을 올바르게 제지했다면

　어머니 께끔메 닮은 까칠하니 긴 혀는 떡살 만들기 위해 곡식들
　절굿공이 속으로 마구 밀어 넣듯 집구석에서만 맴도는 우리들
　나무라며 세상 속으로 마구 께끔메질 하는 것이었다

　그렇게 각자 저마다의 소질과 개성에 맞게 잘 다듬어지고
　전정되어 형태를 갖춰 좋은 곳을 찾아 자리 잡은
　우리 육남매 나무들
　세상 살맛나게 하는 떡살같이 과일 주렁주렁 매달 꿈으로
　세상 밖으론 가지 쭉쭉 뻗어내고 있었다

도끼질
— 탁啄 탁啄 탁啄

내가 도끼였을 때

세상은 질기고 단단한 마른 통나무였을 때

세상 한번 패어보겠다고

온 힘 다해 도끼질했을 때

무딘 내 도끼날은 세상 쪼개놓지 못하고

쐐기처럼 박혀 꼼짝달싹 하지 못하고 있었는데

검붉게 녹슬고 자루 바짝 삭아

금방 바스라질 것 같은 어머니 도끼가

내 도끼 등을 힘껏 탁啄 탁啄 탁啄 쳐주고 있었다

그렇게 쳐주고 끝내 완전히 망가졌지만

마침내 나는 세상을 장작으로 쪼개놓을 수 있었다

바가지

플라스틱 바가지가 나오기 전
박으로 만든 바가지는 한때 내겐 도구 이상이었네
그래서 일부러 여기저기 박을 심기도 했지
언제나 내 곁에 말없이 놓이던 사랑
바가지 되기 전에는 지붕 꼭대기에서
달덩이 같은 박으로 은은히 밤길 비춰주기도 했어
그러한 그를 어느 날인가 냉정히 지상으로 끌어내려
톱질하여 두 쪽으로 가른 뒤 속은 박박 긁어내
낙지 박속탕 해 먹고 가마솥에 푹푹 삶았지
그야말로 삶을 바가지 씌워 탄생한 바가지였어
그러나 그러한 나를 한 번도 바가지 씌우는 일 없는 착한 도구
감당하기 힘든 오물 담을 때도 한 마디 바가지 긁은 적 없고
결코 밖에서도 물 한 방울 새는 바가지 아닌
나를 위해 항상 활짝 열려 있는 속없이 살아가던 도구

그러고 보니 아내가 바가지 닮았네

마당 귀퉁이에 개복숭아 한 그루 염소 한 마리 키우면서

선볼 때 과수원과 목장 한다고 꼬서 시집 온

부잣집 막내로 곱게 자라 서울서 대학까지 나온 아내

약골로 병치레하는 남편 대신해 경운기 로타리질이며 쟁기질 등

남자들도 하기 힘든 일들을 많이 해 동네 사람들로부터

가운데 다리 없는 사내라고 불리고 있지

그러나 아직 정신 못 차리고 아내가 온종일 낙지 작업하고

받아온 돈으로 술친구 모두 불러내 한바탕 진하게 마시고

쭉 뻗은 나, 그런 나를 위해 해장국 끓이는

속없는 아내여

바가지같이 가만히 내 곁에 놓이는 아내여

숫돌

콤바인이 생산되기 전
벼는 모두 낫으로 수확했다

항상 숫돌을 챙겨 갔고
쉼 없는 낫질에 날이 빠지거나 무디어지면
숫돌에 몸 꽉꽉 비벼 새로 날 세워 일했다

그렇게 한나절 꽉꽉 몸 굴리어 베다 보면
벼알같이 잘 익은 딱딱한 땀방울들에 무참히 짓밟혀
이삭처럼 허리가 자꾸만 꺾여지고
종내는 낫처럼 아예 기역 자로 굳어지고 무디어져 갔는데

그럴 때면 아버지는 애야 좀 쉬었다가
새로 힘 돋아나면 하려무나 다독여주며
내 몫까지 베어주는 것이었다

항상 아버지는 그런 식으로

내가 상처 나고 무딘 낫과 같을 때

숫돌 같은 사랑 팍팍 내어주시었다

그래서 나의 낫은 편했지만

아버지의 낫은 날이 새로 일어날수록

움푹움푹 패어 앉은 자리 검붉게 물들여놓으며

시커멓게 멍들어가는 숫돌 같았다

그러나 나는 부모님이 나이 들고

나날이 생이 녹슬고 무디어가는 낫(날)들일 때

숫돌 같은 사랑 한번 내어주지 못했다

돌도끼

모두 잠든 새벽 서둘러 사냥 나가신 아버지

연락도 없이 밤늦도록 안 오시어

식구들 근심스레 서성이는데

거실 한복판에 걸려 있는

원시사회체험 가족사진 한가운데

당당히 돌도끼 들고 꾸부정히 서 계신 아버지가

도끼 하나만 있으면 충분하다는 듯

꽃처럼 환하게 웃고 있다

어제 사냥한 불에 그을린 페리카나치킨 뼈다귀 뒹구는

어두컴컴한 지하 셋방 동굴에서

우가 우가 우가 차자 우가 차차 우가 우가

알아들을 수 없는 말들 내뿜으며

중요 부분만 가리고 살아가는 가족

어머니 연기 그을린 듯 퉁퉁 눈 부어있고

막내는 끝 동굴에서 끝내 나오지 않는다

사나운 짐승 만나 고전하는 것일까

아니 짐승보다 더 무서운 상사의 으르렁거리며
내치는 세계에서 오히려 사냥감 되어
고전하고 있는지 모른다
믿는 삼촌 도끼에 발등 찍혀 퇴직금 모두 날리고
할 수 없이 다시 내몰리듯 사냥터 나가시는
그동안 나는 그의 힘이 되어주지 못했다
매번 그렇게 쫓기다 힘없이 돌아오는 가장
출세한 자식들 둔 이웃집 아저씨는
아들이 있어 든든하다고 자랑했다
나는 여러 새끼 거느리고 에너지 얻기 위해
창가로 다가가다 바짝 굽은
관음죽 허리, 아버지 허리 하염없이 쓰다듬다
사진 속 돌도끼에 손을 대며 외쳤다
내가 당신의 훌륭한 도끼가 되어줄게요

께끔메질

우리 육남매들 삶의 두렁이었던

어머니가 대청마루에 길게 누워있다

이앙기 바퀴에 자근자근 짓밟혀 납작해져

여기저기 상처 물꼬나 뒤트는

진장 서낭골 서 마지기 말가웃 다랑치논 두렁 같다

그런 당신 몸 위해 맛난 음식

맛나게 몇 개 안 남은 절굿공이처럼 짓쩌 대는

어금니 사이로 께끔메질 제대로 한번 못해보고

나는 됐다며 너희들이나 잘 살라고

침 탁탁 튀기며 대처로 내몰던 혀가 아프다 하신다

쩍쩍 혀가 논바닥처럼 갈라져 죽 한 숟갈도

목구멍 속으로 께끔메질 하기가 힘들다 한다

세상 개자리에 일찍 홀로 놓여

남자들도 하기 힘든 일을 많이 해

동네사람들로부터 가운데 다리 없는 사내라고

불릴 정도로 부지런하던 어머니가

만사 귀찮은 듯 짜증내며

자꾸 누워만 계시려고 하는

오늘은 내가 부지런히 혀 놀리어

어머니를 위해 께끔메질 해본다

세상 속으로 자꾸만 내몬다

몸이 늙을수록 활동해야 된다며

노인회관, 마을경로당, 한의원으로

자꾸만 쑤셔넣는다

오래 사시라고 몸 건강하시라고

벙어리처럼 우우 신음소리 내기도 하며

하는 나의 께금메질

내 혀가 아프다 마음이 아프다

죽가래질

바람에 가볍게 서쪽으로 자꾸만 밀리던
태양이 짚신털이봉에 걸려 하루를 탁탁 털어내며
황톳빛 노을을 울음같이 펼쳐놓는 저녁

매질하듯 한나절 도리깨 휘둘러
퍼렇게 가을 하늘 멍들게 하고
한해의 수확을 떨구어 놓은 곡식들
고무래로 둥그렇게 다라 만하게 모아놓고
포대에 담아내기 전
내 마음에 죽가래, 모은 양손 가득가득 떠
하늘 높이 던져봅니다

일순 바람에 쉽게 올라탄 쭉정이들과
풋대들에서 잘게 부서져 나온 조각들과 검불들만
눈처럼 가볍게 근처 풀 섶 위로 날아가 앉아
때아닌 안개꽃 같은 꽃들이
무더기무더기 피어납니다

무슨 꽃일까?

어디서 많이 본 듯한

탐스럽게까지 보이는 그 꽃들을

희끗희끗 바라보고 있노라니

꽃들은 멋쩍은 듯 피식 웃으면서

게으름만 통통하게 살찌우며 빈둥거리던

나의 지난날들이라고 나지막하게 말하고

휘몰아치는 바람에 이내 흩어집니다

발 앞엔

굵고 잘 영근 눈방울처럼

몇 개 알곡들만 뚝뚝 떨어져 쌓이는데

……

또아리

나는 또아리 같았다

볏짚 엮어 고리 모양으로 대충 만들어진

볼품이라곤 조금도 찾을 수 없는

지금은 농기구박물관 한 귀퉁이에 놓여져 있다

머리 꼭대기 삶만 늘 고집하여

뒤뚱이는 걸음에

떨어지지 않으려고 무거운 돌이나

물동이를 받쳐 이었다

그렇게 바짝 쪼그려 들어도 비명 하나 없는

나는 그런 존재였다

꼭대기 삶만이 최상은 아닐 텐데

또라이 또라이 그러고 보니

나는 또아리였던 것이다

3부

께끔메를 찾아서

근래에는 께끔메를 본 적이 없다

절구통, 절굿공이, 맷돌, 돌확, 키, 널기멍석 같은 것들은
농기구박물관에서 쉽게 볼 수도 있고
시골구석에는 아직도 놓여있기도 한데

만들기가 너무 쉽고 간단해
옛날에도 존재 가치가 별로 없었긴 한데
지금도 께끔메는 어느 곳에서도 잘 보이지 않는다

그러나 떡가루 만들 때는 꼭 필요한
시계부랄추마냥 좌우로 왔다 갔다 하며
절구통 벽에 누룽지마냥 착 달라붙어 있는 것
절굿공이 밑으로 마구 밀어 넣어
설태 낀 것처럼 떡가루 하얗게 묻어나던

께끔메 봤이요
자다 봉창 두드리듯 어머니께 물어보니
그걸 지금 왜 찾아 이놈아
할 일 없으면 잠이나 더 처 자

세상 개자리에 일찍 홀로 놓여
아비 없이 자라는 자식들 위해 혀 빠지게
남자들도 하기 힘든 일 너무나 많이도 해
가운데 다리 없는 사내라고 불리기도 하던
걸걸하게 소리 토해내어 집 안에 처박혀 있는 나를
세상 속으로 마구 내몰던 혀가
절구통 같은 어머니 입안에 께끔메처럼 놓여있다

맛난 음식들 제대로 한번
절굿공이같이 짓쩌 대는 어금니 속으로
께끔메질 한 적 별로 없는
곰팡이 같은 자식들에 쌀가루 같은 설태 하얗게 낀 채로

가래를 찾아서

사라져간 많은 농기구 중에 아쉬움이 있는
것 중에는 가래가 가장 컸다
큰일에 사용하는 농기구답게 크기도 제일 컸다
날은 삽날과 같았는데 귀에는 고리가 있고
동아줄이 꿰어져 있어 일 세기에 따라
셋 또는 다섯이 한 조가 되어 일했다
어기여차 ~ 가래 ~ 허
어기여차 ~ 가래 ~ 허
구령에 맞춰 흙을 모으거나 뗏장 뜨는
혼자서 하기 힘든 일을 가볍게 하던 가래
좀 전에는 포클레인이 올라오지 못하는 산 중턱에
묘를 조성할 때 사용하는 것을 보았는데
화장이 대세인 지금 그것마저 볼 수 없다
우연히 가래질하는 것을 외국인이 보고
원더풀 원더풀 했다는
왜 협동을 해야 하는지를 알게 해주는 농기구

그런 가래질하던 정신마저 사라져

너도 나도 독불장군처럼 살아가는

헹가래만 요란한 세상

오늘은 큰일 하나 해치우듯

자주 다투는 자식들 데리고 농기구박물관 찾는다

가래 하나 보여주기 위해

가래질 1

삶은 계란이 아니다

가래질이다

각자는 한 가닥 가래 줄 쥐고 있는 것이며

제대로 힘을 주지 않는 자가 있다면

우리가 속해 있는 사회나 국가라는 가래는

그만큼 힘들어지리

어기 여차 가래 ~ 허

가래질 해본 사람들은 알리라

합창이 제대로 어울려진 가래질은

혼자 하는 삽질보다 쉽고 많은 일을 할 수 있다는 것을

그러니 농담이라도

삶을 부화되지 않을 계란을 가지고 와

삶은 계란이라고 말하지 마라

우리들의 삶은 가래질하기다

가래질 2

스마트 화면 가득 거대한 구름이

산등성이에서부터 시커멓게 삽시간에 몰려와

미처 사람들 뛰어가 우산 준비하기도 전에

비를 그들 위로 타닥타닥 쏟아붓고 있었다

그런데 가만 다시 살펴보니

찌르레기 떼와 그들의 똥이었다

주먹보다 작은 찌르레기 떼들이……

그들도 뭉치면 굉장하구나

마치 바람에 날리는 검은 비닐 한 조각처럼

거대한 물체 하나가 움직이는 듯 일사불란한 행동에

마음 하나 모으지 못하고 갈팡질팡하기 일쑤인

나는 그만 아! 하고 입이 절로 찌르레기만큼

벌어지고 있었는데 투망하듯 넓게 펼쳐

금붕어 비늘처럼 파닥이던 가을 풍경들을

꼼짝 못 하게 가두어놓고 있었다

얼마 뒤 나도 작은 몸 무리 속에 섞여

무엇이든 어떠한 힘이든 되고 싶어

마을 한가운데로 들어가기 위해

외딴집 나와 바람 자주 닿는 진장 서낭골

서마지기 말가웃 다랑치논 누룩뱀처럼 뒤트는

논둑길을 뒤뚱뒤뚱 걷고 있었는데

밤새 울부짖던 태풍이 부려놓고 간

둑을 타고 넘던 검붉은 흙탕물들이

사납게 마구 내던져진

성근 모래자갈들에 가파르게 눕혀져

혼자서는 설 수 없는 상처 난 벼들이

상처 입은 마을 사람들의 품앗이로

대여섯 포기씩 묶여져 일어서서

어기 여차 가래~~ 허

어기 여차 가래~~ 허

바람들을 연신 퍼내면서 삶을 가래질하고 있었다.

가래질 소리

가래도
가래질 할 땅도
가래질 하던 친구들도
모두 사라져버렸다

다만
어기 여차 가래 ~ 허
가래질 하던 소리만
가끔 환청처럼 찾아왔는데
그래도 힘이 났다

얼멩이와 체

얼멩이와 체는 생김새가 거의 같아

항상 부부처럼 놓이곤 했다

그러나 기능은 정반대였다

얼멩이가 알곡만을 건지기 위해서라면

체는 거르는 기능이었다

얼멩이는 덜렁대는 아버지 삶을 닮았고

체는 깐깐한 어머니를 닮았는데

얼멩이와 체는 바벨 살 돈이 없던

삼촌 역기 만들기 위해 거푸집으로 사라졌다

체와 얼멩이 바닥 망 뜯어내어 땅에 묻고

시멘트 반죽 부으면 훌륭한

역기 바벨이 되었던 것이다

매일 아침 나는

삼촌이 만든 역기를 든다

균형 잡힌 삶을 살아가기 위해

거르기와 건지기의

중간적인 마음의 근육을 키운다

얼멩이

얼멩이를 혹시 보신 적이 있으신지요
술지게미를 거르던 체와 생김새가 거의 같아
다정한 부부처럼 늘 같이 놓이곤 하던
키질하기 앞서 가는 모래나 흙탑새기들을 먼저 걸러내고
비 오는 날엔 개울가 덤불 속을 뒤져 미꾸라지나
둠벙 팔딱 뛰는 토하들을 건져내기도 했지요
가는 판자 둥글게 말아 한쪽 면에 철사망 씌어놓은
가끔이나마 키를 사용해도 얼멩이는 사용하지 않아
먼지 화장 두껍게 하고 지내다 삼촌 눈에 띄어
역기 만드는데 한 몫 단단히 하고 사라진
구덩이 둥그렇게 판 뒤 철망 제거한 얼멩이 박아놓고
시멘트 반죽 부어넣으면 훌륭한 역기 바벨이 되었는데요.
체도 그때 다른 한 짝이 되기 위해 없어졌답니다.
훌륭한 거푸집이 되었던 것이지요.
그런데 또 새벽이면 역기 들며 힘을 키우던 삼촌은
지금 어디로 갔을까요? FTA로 버려진 논밭

얼멩이처럼 할 일 사라져버린 농사밖에 모르던
짤막한 키에 다부진 어깨 순한 눈빛의 만만한 삼촌도
다른 용도로 서울 변두리 어느 공사장에서 일하다
영영 사라져간 것은 아닐까요?
오늘도 삼촌이 만든 역기 세상 번쩍 들어볼 때마다
삼촌 생각으로 마음 먼저 무겁게 느껴집니다
삼촌을 혹시 보신 적이 있으신지요

삽

나는 아침 일찍 농부의 어깨 위에 걸쳐져

진장 서낭골 서마지기 말가웃 다랑치논

물꼬 보러 가는 것으로 하루를 시작하고

차가 없는 진장 서낭골 서마지기 말가웃 다랑치논 같은

가난한 삶을 사는 사람들은 식구들 양식을 위해

버스나 지하철의 삽자루 잡고 출근한다

삽은 숟가락 닮았기 때문이다

삽은 발음하면 삶이라고도 들리듯

삽질은 삶질인 것이다.

그러기에 삽질만큼은 삶이 보장되어야 하는 것인데

삽질 한번 안 하고 숟가락질만 잘하는 자가 있다면

삽자루 매질 당해도 괜찮으리

많은 일 중에서도

발과 손 허리를 동시에 써야만 하는

삽질이 가장 힘들다 했다
그 또한 삶질이기 때문에 그런 것이겠지만
그것도 어떻게 사용하는가에 따라 달랐다
삽자루 맨 밑바닥에 끈을 양쪽으로 매달고
가래처럼 사용하면 힘든 일도 쉽게 할 수 있다

삽으로 작은 둠벙은 쉽게 물 퍼
몇 됫박 미꾸라지 수확하기도 했고
군대에 있을 땐 야전삽 하나만 있으면
막사 하나는 거뜬히 지을 수 있었다
그러므로 무엇이 부족하여 가진 것이 없어서
할 수 없다는 말은 삼가야 하리
삽 걸음으로 겅중겅중 딱딱한 땅 위를 걷기도 했다

한평생 삽자루 열 개 정도는 부러트려야
진짜 일꾼이라 했다는데……

일 끝내고 냇물에 삽을 씻으며 하루를 뒤돌아보다가

금수저로 태어나 삽 근처에는 가 보지 못하고

언덕 위 큰 집 지어놓고 전원생활 하고 있는 의사 사모님과

일찍 남편 잃고 남자들도 힘든 일을 많이 해서

가운데 다리 없는 사내라고 불리는 어머님 삶을 비교해 보기도 하는 것이다

지금은 둘 다 약간의 치매 끼가 있어 보호받지만

산전수전 다 겪은 어머니 삶이 더 이야깃거리가 있고

알찬 것 같아 고단한 나의 하루가 오히려 위로가 됐다

매번 휘황찬란한 조명같이

높은 점수 내어주어 위로하는

노래방 기계도 알아주는 천하 음치인 내가

가장 자신 있게 출 수 있는 춤이 삽춤이다

매일 삽질하다

자연스럽게 잘하게 된 것인데

삽질도 열심히 하다 보면

삽춤처럼 재미있게 되리

똥삽

한낮 시내를 걷던 중이었다

갑자기 똥이 마려웠고
나는 참을 수 없어
병아리처럼 종종거리면서도

참으로 난감하여
둥그렇게 커진 눈으로
사방 여기저기 콕콕 쪼아봤을 때
도시 한복판에서 화장실은커녕
으슥한 골목 하나 발견하지 못하고
붐비는 사람들만 눈에 가득 찼는데

아버지는 아랑곳하지 않으시고 서슴없이
자루 빠져나간 개똥이나 그러담던
똥삽처럼 두 손바닥 둥그렇게 펼쳐
똥을 받아주고 있었다

어느새 세월 종종걸음 많이도 쳐

아버지 뒷산에 둥그런 무덤 만들어 들어가시고

오늘 난 그때 나만큼 어린

자식 아이 데리고 밤길 걷다

잠시 더듬거렸는데

밤하늘에 똥 받아주던

노랗게 똥냄새 밴

나를 키우던 거름 손이

보름달로 떠 어둠길 밝혀주고 있었다

불완전한 작물 같은 내가 이만큼 잘 자란 것도

실은 똥삽 같은 사랑 덕분이라 말없이 끄덕이며

달을 보며 눈물 싸지를 듯 두리번거리는 나를

딸아이가 내 손 잡아 앞장서서 걷는다

지게 1

아름다움을 보기 위해 찾아간
금강산에서 지금은 잘 쓰지 않아
집 한 귀퉁이에 처박아 놓곤 하던 지게*가
금강산보다 더 아름다움으로 다가왔다
지게는 구강처럼 바짝 쪼그라든
아흔 살 넘은 노부를 지고 있었는데
구름망태로 늘 교만한 아름다움을 감추려고만 하던
만물상이며, 12선녀탕, 비룡폭포, 비선대도
이 아름다운 풍경을 보기 위해
맨발로 급히 뛰어나와
초라히 얼굴 빠끔 내밀었다

* 지게 효자 이군익 씨 지게

지게가 되어

허송세월과 연애하다 40이 다 되도록

장가 못 가고 있는 내가 안쓰러웠던지

치마만 두르면 무조건 결혼 하라시던 아버지는

이제는 허전해서 안 된다며

작대기라도 곁에 있어야 된다고 말씀하셨다

정말이지 나는 청개구리마냥

묻지도 따지지도 않고

무조건 집구석에 아무렇게니 굴러다니는

작대기 곁에 났는데

어느 날 문득

그렇다면 난 지게?

아버지는 어쩜 세상 지게라도 되라고

하셨는지 모르겠다는 생각이 들었다

나는 나의 삶만을 위한 지는 지게가 아니라
하루 두 번 산에 올라갔다 왔다는
두벌 나무꾼 할아버지처럼
고봉밥은 먹지 못해도 바지게 얹어
고봉밥처럼 이웃들 삶의 짐도 져주며
비틀거리는 지게가 됐으면 좋겠다

그 무거운 짐에 일어서지 못할 때
삿대를 땅에 박고 배를 밀어 나아가게 하듯
힘차게 작대기로 지구를 밀쳐내듯 일으켜주고
무거운 짐에 주저앉고 싶을 때 말없이 받쳐주기도 하는
그대는 지지대 같은 작대기였으면 좋겠다

그리고 호젓한 산길을 갈 때
지게 뒷다리 치며 장단 맞춰주는
장구채 같은 것이라면 좋겠다

때론 다시 안일하게 지낼 때

몽둥이 아버지 말씀으로 벌떡 일어나 나무라고

가끔 밖에서 술 먹고 정신 못 차리고 있을 땐

이젠 당신도 혼자가 아니니 행동을 조심하라고 하면서

조금은 바가지 긁어대는 마누라였으면 좋겠다

지게 2

나는 수많은 지게를 보아왔다

그중에서 최근에 본 지게는
지게 마을 입구에 세워진 지게였는데
마을 사람들 생계를 짊어진 듯
포클레인처럼 큰 지게였고

또 하나는 보통 지게보다 작은
몸이 불편한 노부 지고 금강산 구경시키기 위해
알루미늄으로 특수 제작된 지게다

팔봉산 두 번 올라갔다 왔다는
옛날 두벌 나무꾼 할아버지 지게는
항상 바지게 얹어져 있었고
고봉밥은 먹지 못해 바짝 말랐어도
짐만은 고봉밥처럼 가득 실었다 했다

몸만 짚가리처럼 큰 나는

생계 짊어질 지게 하나 장만하지 못하고

다만 치매 걸린 거동마저 불편한 노모

깊은 산속에다 고려장 시키듯

시내에서 한참 떨어져 있는 외곽

허름한 요양원에

저다 버릴 마음만 가득하였다

이제 그 마음까지 무겁게 져야 하리

돌확

논밭 말끔히 밀어내고
빽빽이 들어선 아파트들로 숲을 이룬
맞은편 시장 입구 사거리
꽃집 앞엔 돌확 하나 가득 물을 담고
수련을 꽃 피워 놓고 있었는데
옛 벗이라도 만난 듯이 반가웠다
술은 술로 해장하듯
땅을 파고 쟁기 박던 힘줄 달래는 데는
역시 노동밖에 없다며
근처 신축건물 공사장에서 일하고
돌아오는 길인 듯 옛 농부가 중얼거렸다
"어쩌다 너는 또 여기까지 왔니"
발엔 장화 대신 안전화 신겨져 있고
머리엔 농립 대신 화이버가 씌워져 있었다

4부

쇠스랑처럼 상처 나는 하루

진장 서낭골 다랭이논들처럼 두렁 마구 휘어져
쟁기질 아무리 공들여 해도
개자리*가 생기듯

두 동강 나 두렁처럼 길게 뒤트는 반도의 나라
정치를 아무리 잘해도
사회적 개자리는 생기기 마련

오늘도 난 논 개자리 파 엎다 상처 난 쇠스랑처럼
온몸으로 세상 개자리 찾아 파 엎다
촘촘히 상처 나는 하루가 되리

* 쟁기질이 안 된 곳. 주로 구석에 많이 생기고 뜬 모나 쭉정이 안 생기도록 별도로 쇠스랑으로 파주어야 한다.
* 사전글에서 일부 인용

쇠스랑 들고 개자리 파러 가다

쇠스랑 들고 산등성이 넘어 어제 저녁 논갈이 한

창개골 서마지기 다랑치논 개자리 파러

아침 일찍 길을 나선다

개울 하나 건너 산등성이 막 넘어가려 하는데

꿈틀 길이 일어나 산 밑 혼자 사는

거동마저 힘겨워하는 할아버지네 앞으로

삐뚤삐뚤 먼저 들어간다

나는 들고 있는 쇠스랑으로 염소 우리 깨끗이 청소해주고

시커멓게 할아버지 삶처럼 녹슬어가는 도끼 갈아

장작도 한 바지게 패어놓으니

길이 끄덕끄덕 도로 길을 가게 해주어

설겅설겅 몇 걸음 떼어놓는데

얼마 떨어져 있지 않은 중풍 앓는 아주머니

무너진 담이 안을 환히 내비추어

괜히 내가 가랑이 찢어진 옷 입은 것처럼 부끄러워져

남은 시멘트 찾아 반죽하여 담 고쳐주고

부끄러운 마음 감추고 나니

등성이와 등성이 사이 사이짓기 되어 흐르던

빙수 같은 바람 한 줄기 골 깊은 이마에 머물다 간다

길 중턱에 이르니 승용차가 웅덩이에 빠져

허우적거리는 걸 몸 허우적거리며 빼어주고

큰 돌 날라다 웅덩이 채우고 쇠스랑으로 흙들 끌어들여

길 정비하면서 길을 가는데

이혼한 아들이 버리고 간 어린 손자와 함께 사는 관절염 아저씨

지난 태풍에 날려간 지붕이 아직도 그대로 있는 것이

눈에 밟히어 한걸음에 달려가서

지붕도 말끔히 고쳐주고 나니까

어느새 태양이 짚신털이봉에 올라 하루를 탁탁 털어낸다

정작 우리 논 근처에는 가지 못하고

쟁기 대기 힘든

비탈진 창개골 서마지기 말가웃 다랑치논 같은

마을 사람들 삶의 개자리 온몸 쇠스랑 되어 파주고
힘없이 집으로 돌아오니 한두 시간이면 다 끝날 일을
왜 이제야 돌아오냐고 이상한 듯 바라보는
어머니에게 내일도 개자리 파러 가야 돼요
들릴락말락 조용히 중얼거렸다

도리깨 다비식

거름기 하나 없는 자갈 많은
팔봉산 그늘 개간지에서도 누렇게 잘 자라
잘 익은 열매 다닥다닥 매단

콩들 낫으로 꺾듯 베어
숯가마에 숯목 세워놓듯
마당 가득 빼곡하게
햇빛에 바짝 세워 놓았고

대문 앞 우체통에 밀린 세금고지서들이
참견하기 위해 삐죽 고개 내밀 때
앙상히 뼈대만 남은 콩대들에
육신을 태워 없애듯
쇠도리깨 사정없이 내리쳐
난장난장 몸을 부숴놓았다

갈퀴로 잘게 으스러진 콩대들을 거둬냈을 땐

대여섯 평 포장 바닥엔

사리들이 영롱히 반짝이며

몇 말 흩어져 있었는데

한평생 노동의 채찍으로

살이란 살은 죄다 육탈된 듯

몇 조각 근육과 뼈대만 남은 어머니

눈가엔 사리 같은 눈물 가득 글썽였다

외국 노동자의 낫은

거름기 하나 없는 비탈진 개간지 자갈밭에서도
영근 땀방울같이 누렇게 잘 자란 콩은
뿌리혹박테리아가 질소를 고정시켜서 그렇다 했다
콩 콤바인이 있으나 평지에서나 사용할 수 있어
낫으로 일일이 수확해야 된다고
목질화 된 콩대는 베는 것이 아니라
베듯이 꺾는 것이라고 직접 주인이 시범 보였는데
햇살 도리깨에 콩깍지 뒤틀려 콩들 튀어 오르듯
시범 채 끝나기 전 서로서로 빨리빨리 외치며
후다닥 밭으로 뛰어드는 외국 노동자들
얼마나 그 말들에 시달렸으면
저렇게 자동적으로 행동할 수 있을까
새벽부터 낫질은 또 얼마나 낯설었을까
사장님 장갑 좀 주세요 하는 자를
손찌검하는 것이 진짜 우리의 민낯이므로
그들의 낫은 베는 것이 아니라 꺾이는 것이다

동트기 전 나와서 해질녘에 허리 낫처럼 꺾어서

돌아가는 것이 그들의 낮인 것이다

숫돌에 갈면 앉은 자리 검붉게 물들여놓는

상처투성이 낫이 그들의 낮인 것이다

여기저기 들쑤시는 몸 지폐 같은 몇 장의

파스로 치유해야 할 외국 노동자의 낮

콩같이 딱딱한 잘 익은 땀방울에 무수히 짓밟힌 만큼

기역 자로 허리 꺾어져 똑바로 눕지 못하고

니은 자로 자야만 하리

요강

우즈베키스탄에서 시집 온 새댁

설탕을 요강에다 가득 담아놓고

손님 오면 커피에 타서 준다

집안에서도 볼일 볼 수 있게

수세식 화장실 하나 설치할 때

할머니 차마 버리지 못하고

깨끗이 닦아 구석에 놓여있던 요강이

그 새댁에겐 아름다운 항아리였으리

진한 오줌 같은 색깔의 커피를

찔끔찔끔 바지에 지르듯 비우면서도 무안할까봐

아무 소리도 못 하고 있었는데

창밖에서 엿보던 낮달이 대신 묘한 표정을 지어준다

집에 와 휴지 버리려고 방 한 귀퉁이에 놓여있는

알록달록 무늬 미니 휴지통 열다

다섯 살 딸아이가 넣어둔 사탕들이 가득 들어있는 것 보고

씁쓸해져 바깥 평상에

양다리 쭉 뻗어 큰 대자로 누워있는데

지나가던 이웃집 개가

다리 하나 번쩍 들더니

오줌 찍 갈기고 태연히 걸어간다

맷돌

시내를 걷다 맷돌을 본다
비닐하우스 지어놓고 꽃을 파는 가게 옆
무슨 조경회사 같았는데
맷돌이란 맷돌은 다 모인 듯했다
내가 시골에서 사용하던 것과 같은 것이어서
살짝 반가웠는데
조경석과 마구 섞여 쌓여져 있어
이내 매친 듯 이마 주름 굵어져갔다
그러니까 맷돌은 곡식들 빻는 농기구가 아니라
장식품이 되기 위해 장식되지 않은 채
아무렇게나 놓인 것이다
마치 내가 농사짓다 홀로 도시 올라와
익숙지 않은 일을 하다 이놈 저놈들한테
구박이나 맞으며 살아가듯
저놈도 필시 이리저리 굴리고 굴려지다
전혀 다른 용도

공원 박석이나 디딤돌로 팔려가

발걸음에 무자비하게 짓밟히는

그야말로 매 맞는 돌이 될 것이다

오늘 일기도 바람에 매 맞은 듯

시커멓게 멍든 구름들 때문에 찌뿌등하다

어머니는 이런 날은 허리가 쑤신다고 했다

쫓기듯 도시로 간 자식들 때문에 마음이 아프다고도 했다

여기저기 매 맞는 것들이 널려 있는 세상

참으로 어처구니도 없었다

암수 분리되어 주름 훤히 드러내진 채

아무렇게나 쌓어진 짝을 잃은 맷돌들이

온종일 햇빛 매 맞으며 부서지고 있었다

다듬잇돌

 타다닥 탁탁 방망이 내리칠 때마다 옷감 같은 것들의 주름 쫘-악 펴던 다듬잇돌이 지금은 공원 같은 곳에 디딤돌로 놓여있어 방망이같이 탁탁 내딛는 발걸음들에 얻어맞을 때마다 내 이마 굵게 주름지게 하는 얼린 인절미같이 생긴 그것이 옛날에는 시원한 대청마루에 덮개에 덮어져 얌전하게 모셔져 있었다 나는 오전 일 끝내고 와 점심 먹고 나른한 몸 잠시 누울 때 베개로 이용하곤 했는데 그때마다 찬 데다 머리 놓으면 입 돌아간다고 어머니는 이마 주름 더 굵어졌지만 오히려 나는 마음 주름마저 사라질 것 같아 신경 쓰지는 않았다 그러나 한숨 자고 일어나보면 몸은 무거운 짐 덜어낸 듯 가벼워졌으나 마음 주름들은 끝내 펴지지 않았고 번데기같이 바짝 움츠려있던 거시기만 쓸데없는 농민정책만큼이나 쓸데없이 주름 쫘-악 펴져 다듬이방망이처럼 우람하게 커져 있었다

어처구니

어처구니없는 세상이다

세상이 돌고 돌아
맷돌도 덩달아 돌아
북적대는 시장 한 귀퉁이까지 와
전기로 돌아가는 맷돌

어처구니없이 잘도 돌아간다
그러나 정성 없는 것만큼이나
두부 맛도 옛날 맛이 안 난다

어처구니 있을 때가 좋을 때였다고
농촌 떠나 서울 한 귀퉁이에 서서
어처구니 있는 세상으로 보내달라고
외치는 나를 세상은 어처구니없이 바라본다

참으로 어처구니없었나

쟁기질 1

반듯하게 누워있다

머리 위로 냉큼 발 들어 넘기자

땅바닥 엉덩이가 위로 불쑥 솟는다

몸이 뒤집혀진 것이다

땅도 이따금씩 갈아줘야 보습이나

공기 유통이 자유로워지듯

활기찬 몸체가 되기 위한

몸의 쟁기질

체중에 눌려 있던 골반 안쪽의 장기들에 숨통을 틔운다

경화된 땅을 깨부수는 것처럼

몸의 구석 응어리들도 푼다

육체의 개자리가 생기지 않도록

반복적으로 한다 순환이 잘 되어

변비와 복부 비만에도 효과적이라고

뒤틀려 있던 창자가 꼬르륵 소리 낸다

한결 가뿐해진 나는 내친김에

녹조 가득 담아 아무것도 담지 못하는 물꼬 없는 우물처럼

썩어가는 마음에도 쟁기질한다

나만 잘 살면 된다는 생각들을

냉큼 갈아엎는 것이다

이리야 쭈쭈 소리 지르며

판개골 누룩뱀처럼 길게 뒤트는 사래밭

배때기도 시원하게 갈아엎는

농부의 쟁기질처럼

하나 둘 하나 둘 구령에 맞추어

오늘도 몸과 마음을 확 뒤집어보는

나만의 쟁기질

하루가 활기차게 경작되리

* 한의사의 처방전을 시로 형상화해봤다.

쟁기질 2

하- 하- 호- 호
발 구르며 박수치다
책상 부숴져라 세차게 두들기며
다시 크게 웃어 제끼는
여기는 배꼽 잡고 뒤집어 지기 위한
웃음 쟁기질 현장
진장 다락골 삿갓배미같이 좁은 교실에
심겨진 작물들처럼 사람들이 모여 있다
오장육부 뒤집어 놓는 상사와 남편 때문에
하루의 일상을 뒤엎고 나온 자들의
함성이 교실을 발랑 뒤집어엎는다
기웃거리며 지나가는 사람들의 발걸음이 뒤집어지고
화분에 심겨진 꽃들이 물결처럼 뒤챈다
차를 끓이던 주전자가 심하게 들썩이고
무슨 일인가 창문 앞에 서성이던
핼쓱한 낮달도 쩌억 웃음 짓다
건강해져 떠나갔다

손상된 장기들 원래 상태로 되돌려놓고

더 활기찬 삶들을 위해

서로 마주보며 과장된 가짜로 웃는 모습이

진짜로 웃겨 진짜 웃음 연방 태어나게 하며

확 쟁기질 해보는 늦은 오후

다들 안색이 풍년으로 일렁였다

워낭소리

마을에 전해오는 이야기가 있다

아버지가 돌아가셨는데
장례 치를 비용이 없어
밤에 몰래 지게에 지고 가
산에 묻었는데

그것이 서러웠던 아들
어슷한 밤에 워낭 흔들며
어와 어~어 어와, 어와 어~어 어와……
상여소리 내어 동네 한 바퀴 돈 이야기

그 상여소리 들린다
장례 치르지 못한 서러움만이 있는가

농사짓다 연애 한번 못 해보고

흘려보낸 청춘

어와 이~이 어와, 어와 이~이 어와……

세상엔 하고파도 하지 못한 서러움이 많아

내 귀엔 상여소리 아직도 쟁쟁하게 들린다

어와 이~이 어와, 어와 이~이 어와……

농기구박물관

농기구박물관에 가 보았다
어디서 많이 본 너무나 익숙한 것들이
너무 많아 순간 당황했는데
아버지 몸을 해체해 놓은 것들이었다
나는 내 마음의 칠성판에 뼛조각 수습하듯
농기구들을 맞추어 놓는다

자식들 걱정 소리 깨끗이 매어주던 귀 닳은 호미며
축축이 자식들 생각 가득 넣어놓고 쟁기 지나간 듯
발고무래질 하던 아버지 넓은 이마 닮은 널기멍석이며
뒷바라지하기 위해 허리 부러지도록 키질하던 등 같은 키며
생의 가려운데 긁어주던 손 같은 갈퀴며
허구한 날 집구석에 처박혀 있지 말고
세상 밖으로 나가보라고 나를 께끔메질 하던 혀 같은 께끔메며

철없이 가지넌출처럼 뻗어내기만 하던
행동과 꿈과 생각들을 사정없이 강전지하던 입과 같은 전정가위며
상처투성이의 발 같은 괭이

그랬더니 칠성판에서
아버지가 뚜벅뚜벅 걸어 나왔다

불안전한 작물 같은 우리 육남매 자식들
바르고 훌륭하게 키우기 위해
기꺼이 몸은 농기구가 되었던 모습으로

다듬이 난타

어머니 다듬이 꺼내놓고 난타 연습 중이다

다다다닥 탁탁탁 다다다닥 탁탁탁

겨울 긴 밤 지새울 작정이신가 보다

차츰 난타 동아리 연습 난타가 아니라

옛날 서럽던 시절로 돌아가 다듬이질한다

아직도 못다 푼 한이라도 남아 있는 것일까

다듬이 소리는 다다다닥 다다다닥 탁탁

온방 가득 뛰어다니고 창호지 문이 파르르 떤다

따지고 보면 궂은일들이 많았던 날들이었다

방망이질로 지렁이처럼 꿈틀꿈틀 꿈틀대는

홑청마냥 밟혀 지내던 지난 시절

비스듬히 창으로 빗겨든 달

구름을 목도리처럼 두르고 엿듣고 있다

방망이 부서져라 쾅쾅 내리칠 때마다

달은 화난 듯 붉게 물들기도 하고

민망한 듯 아예 구름 속에 숨어들어

온천지가 캄캄하다가 그래그래 잊고 용서하며
살아야지 목탁처럼 톡탁 톡탁 두드리면
부처님 얼굴처럼 은은하게 미소 짓다
가끔은 기쁜 일도 생각난 듯
작대기로 지게 다리 치듯 노랫가락으로
바뀌면 달은 깔깔대며 중천을 날아다녔다

도리깨 난타

마당 가득 숯목처럼 빽빽이 세워 널어놓은

콩대들 직선으로 내리꽂히는 햇살 도리깨에

먼저 타닥타닥 콩깍지 뒤틀려져 콩들 튀어 오르고

그 틈 사이로 가족들 두 패로 나누어 도리깨질한다

마치 마주앉아 다듬이 난타하듯 내리쳐

짜아악 짝 짜아악 짝 소리

나른한 마당 한가득 뛰어오른다

굵은 철사 엮어 만든 삼촌의 도리깨는

힘주어 땅이 패일만큼 타원형 그리며 매질했고

분위기나 맞추듯 끼어든 할머니 도리깨는 곧장 하늘로 올라가

둥그런 원을 그리다 힘없이 떨어져 먼지만 일으켰다

어머니 도리깨는 타원형 그리다 힘이 떨어지면

할머니처럼 작은 원을 그렸고

아버지는 자유자재로 왼손 오른손 손 바꿔가며 휘둘렀는데
가끔 옆으로 후려처 흩어져버린 콩대들 가운데로 모으기도 했다
그런 귀퉁이에 수줍게 끼어든 나의 도리깨는 어설픈 원을 그렸고
끝날 때쯤 나타나 할머니와 교대한 옆집 아주머니 도리깨는
이상한 원을 그렸는데 소리만 요란했다

산타클로스 자루처럼 그들이 그리는
원 속에는 그들의 꿈이 가득 들어있으리

떠돈다 빈털터리로 돌아온 삼촌의 다윈형 동그라미 속엔
지난날 후회의 매질과 함께 장가갈 밑천의 꿈이
할머니 둥그런 원 속은 웬만한 가족화목을 바라는 마음이

옆집 아주머니 큰 원은 일보다 많은 콩을 얻어갈 속셈이
어머니 원 속엔 가족 사랑과 두부콩 같은 반찬의 소원이
FTA에 심하게 찌그러진 아버지 원 속은
분노와 콩탈곡기 하나 장만하지 못한 마음으로 무거웠고
나의 어설픈 원 속은 미안함만 가득 들어있었는데

터진 풍선처럼 원을 내려놓은 도리깨들 일제히 벽에
기댈 때 부서진 콩대들 들춰내 보면
흙탑새기와 쭉정이들만 가득 올해도 마음만 풍년 농사
어느덧 노을은 뿌옇게 흐린 앞날 예고하듯
흙먼지처럼 짚신털이봉 가득 펼쳐놓고 있었다

※ 해설

농기구는 아버지 어머니 몸이다

신달자(시인·대한민국예술원 회원)

 농기구란 무엇인가? 그것은 이 땅의 백성들이 그와 한 몸이 되어 땀 흘리며 피를 흘리며 주린 배를 채워야만 했던 간절한 가치 그것이었다. 아버지요 어머니요 자녀였던 그리고 "나"였던 하나의 혈육이었던 것이다.

 내 고향 어느 분은 농기구를 언제나 "저기 모셔 두었다"라고 말하는 것을 보았다. 그것은 그냥 물건이 아니었다. 그것은 모셔 두어야만 하는 우리네의 "더불어 어른"이기도 했던 것이다.

 김선천 시인은 농부다. 농부시인이다. 그는 늘 함께하는 농기구는 그 삶의 하나의 단어와 의미가 되어 가면서 시인은 서서히 농기구가 되어 간다.

 농기구는 농부와 한 몸이 되어 가고 농부는 농기구가 되어 가는 절대의 포개진 삶이 두 개를 하나로 만들어가는 또 하나의 농작물이 바로 시라는 결과물로 나타난 것이 아니겠는가. 그러므로 이번 시집은 조금은 서툰 표현도 더러 마음에 걸리기는 하지만 또한 너무 반복되는 시가 많기도 하지만 김시인 나름의 농민문학의 정수를 보였다고 할 수 있으며 농민문학의 뚜렷한 세계를 열어 보였다는 점에서 귀한 수확이라고 보여진다.

뙤약볕 아래 땀 흘리며 혼잣말을 내뱉는 내 나라 민요 아리랑처럼 시인의 호흡은 바로 구전문학이 되고 농기구의 형태를 닮아가고야 마는 농부의 이탈 없는 순종의 미학이 김선천 시인의 시에 뚝뚝 흘러내린다.

오로지 농기구에 대해 시의 대상으로 삼은 시집은 일찍이 보기 힘들었다. 김유정의 문학에도 많이 등장하는 농기구를 서사에서 노래로 시인의 호흡을 따라 흥얼흥얼 따라가는 그의 시들은 바로 이 나라 들판에서 울리는 이 나라 아리랑과 같은 핏줄이 울리는 살의 노래, 뼈의 노래라고 할 만하다.

너무나도 따스한 익숙한 농기구들의 이름들… 호미, 깨끔메, 널기방석, 키, 쇠스랑, 낫, 작두날, 숫돌, 돌도끼, 죽가래질 지게, 도리께 난타 등 수많은 농기구 이름들이 우선 정겨운 기억을 더듬거리게 하고 어린 시절의 추억 부분들을 떠올리게 하는 것이다.

농기구와 농부가 한 몸이 되어 땀 흘리며 함께 낡아가

는… 헐어가는… 쇠하여 가는 과정에서 시인은 아버지와 어머니가 자신보다 먼저 농기구를 닮아가는 세월의 형태를 아픔이 아니라 생에 바치는 거룩한 노래로 흠모의 노래로 다듬어 낸다. 농기구에 대한 이만한 사랑의 노래가 반갑고 이 땅의 들판에서 수확하고 노동의 결과물로 먹고사는 사람들의 하늘에 대한 감사도 여기 깃들어 있으며 그리하여 가족보다 더 가까운 관계의 혈맥으로 농부와 농기구가 서로 닮아가는, 서로 하나가 되어 가는 일은 흐뭇하여 가슴이 저릿하기까지 하다.

　아버지 입이 냉정히 쓸데없는 가지나 줄기 자르고 다듬어
　　나무 형태를 잡아주는 전정가위 같이 우리의 꿈과 행동
　을 올바르게 제지했다면

　어머니 께끔메 닮은 까칠하니 긴 혀는 떡살 만들기 위해
　곡식들
　　절굿공이 속으로 마구 밀어 넣듯 집구석에서만 맴도는
　우리들
　　나무라며 세상 속으로 마구 께끔메질 하는 것이었다
　　　　―「전정가위질과 께끔메질」부분

농기구를 살처럼 대하며 다루는 과정에서 아버지 어머니는 또한 농기구처럼 아들을 농기구 용도처럼 길들여 가곤 했던 일상이 기도 같아서 염원처럼 출렁거리는 훈훈한 삶의 파도를 본다. 아버지의 전정가위는 아들의 불필요한 부분을 잘도 자르고 바르게 서라고 하는 가훈 같기도 하며 어머니는 게으른 아들을 세상으로 밀어내며 께끔메질하는 농기구와 더불어 아들의 성장을 기원하는 것이다.

 김시인의 생활공간은 농기구가 사는 곳이며 농기구가 사는 곳은 김시인의 문학의 활동능력이 되어 노래로 태어나는 것이다.

  나는 또아리 같았다
  볏짚 엮어 고리 모양으로 대충 만들어진
  볼품이라곤 조금도 찾을 수 없는
  지금은 농기구박물관 한 귀퉁이에 놓어져 있다
  머리 꼭대기 삶만 늘 고집하여
  뒤뚱이는 걸음에
  떨어지지 않으려고 무거운 돌이나
  물동이 받쳐 이었다
  그렇게 바싹 쪼그려 들어도 비명 하나 없는

나는 그런 존재였다

꼭대기 삶만이 최상은 아닐 텐데

또라이 또라이 그러고 보니

나는 또아리였던 것이다

　　—「또아리」 전문

「또아리」 전문이다. 물동이나 무거운 것을 머리에 이고 갈 때 밑둥에 놓는 또아리, 조금은 욕심이었다. 조금은 더 높은 곳에 앉으려 안간힘을 썼지만 그래서 제아무리 무게가 감당할 수 없어도 비명 한번 지르지 못한 존재의 비극을 스스로 원망한다. 꼭대기만이 최상이 아니라는 자신의 새로운 발견으로 자성의 목소리를 낸다. 또라이… 제자리를 못 찾았다는 반성으로 자신의 생이 결국은 무거운 것을 떠받치는 또아리였다고 고백하는 것이다. 결국 농부는 무엇인가. 자기 스스로를 밑받침으로 사용하여 위에 올리는 존재를 더 편안하게 배불리게 하는 존재인 것이다.

그렇게 자신을 바치면서도 다만 한 귀퉁이에 언제나 의문으로 남는 의식이 그의 시가 되었지만 호밋자루만 봐도 덜컹 가슴이 내려앉으며 의문부호로 다가오는 것은 무엇인가.

귓불 자루처럼 두툼하게 길게 뻗어 내린

커다란 내 귀가 헛간 기둥 못에

물음표 ?처럼 걸려 있는 호미 닮았다구?

완전 동의하지 않지만

나는 내 귀가

이른 아침부터 밭에 놓여 야위어가는

어머니 호미처럼

양 귀 쫑긋 시퍼렇게 날 세워

긴 장마 후 텃밭에 무성히 자라는 지심 같은

세상 근심 소리를 깨끗이 매어주고 싶다

　―「호미 귀?」 전문

  호미는 의문부호다. 완전 동의하지는 않지만 귀까지 노동자를 만들 수는 없지만 그러나 그렇다. 발에 신발이 살았듯 손에는 늘 호밋자루가 또 하나의 손처럼 붙어 있었던 어머니의 호미처럼 양 귀를 시퍼렇게 날 세워 세상근심을 깨끗이 매어주고 싶다는 이 한마디는 시인으로서 절규다. 농기구를 시의 모태로 삼은 시인으로서 이보다 더 처절한 절규는 없을 것이다. 이만한 도량이라면 앞으로 김선천 시인은 시 아닌 것은 모조리 뽑아내고 진실만 담지 않겠는가. 그의 내면 진심이 시퍼렇다.

그러나 시인은 호미가 하나의 물음표로는 끝나지 않는다. 호밋자루처럼 짧은 세상사의 정책도 나무란다. 농부시인으로서 당연한 불만이며 일갈이다.

> 호밋자루같이 짧은 농민정책
> 호밋자루같이 짧은 소득
> 호밋자루같이 짧은 행복으로
> 자꾸만 마음마저 저물어 가
> 점점 길어지는 그림자에는
> ―「호미질」부분

농민정책이며 소득이며 행복이 다 호밋자루만 하면 너무 배고프고 우울하다는 것이다. 마음마저 저물어 가는 안타까움도 접어두지 않고 토로한다. 시인이 되지 않았다면 거리로 뛰쳐나와 농민정책의 문제점을 외쳤을 그는 고요하지만 단순한 언어로 "거리의 외침"보다 더 심란하게 외치고 있는 것이다.

그러나 어머니는 아들의 안정과 세상의 "하나"로 살아가기를 바라고 있다.

> 허구한 날 집구석에만 눌러 박혀 있지 말고
> 세상 속으로 당당히 들어가
> 쌀이 동료들과 부서지고
> 함께 으깨어져
> 세상 살맛나게 하는 떡살이 된 것처럼
> 그 무엇이든 한번 되어보라고
> ―「께끔메」부분

무엇이든 되어보라고 등을 떠미는 어머니의 말씀을 시인은 여러 곳에서 기록하고 있다. 그 세상이 시동네였나? 시로 세상을 함께 으깨어져 살맛나는 떡살이 되어보려 했던 것인가.

어머니는 모든 살림살이 기구로 아들을 등 떠밀고 있다

> 옛날 서럽던 시절로 돌아가 다듬이질한다
> 아직도 못다 푼 한이라도 남아 있는 것일까
> 다듬이 소리는 다다다닥 다다다닥 탁탁

온 방 가득 뛰어다니고 창호지 문이 파르르 떤다
따지고 보면 궂은일들이 많았던 날들이었다
방망이질로 지렁이처럼 꿈틀꿈틀 꿈틀대는
홑청마냥 밟혀 지내던 지난 시절
비스듬히 창으로 빗겨든 달
구름을 목도리처럼 두르고 엿듣고 있다
방망이 부서져라 쾅쾅 내리칠 때마다
달은 화난 듯 붉게 물들기도 하고
민망한 듯 아예 구름 속에 숨어들어
온천지가 캄캄하다가 그래그래 잊고 용서하며
살아야지 목탁처럼 톡탁 톡탁 두드리면
부처님 얼굴처럼 은은하게 미소 짓다
가끔은 기쁜 일도 생각난 듯
작대기로 지게 다리 치듯 노랫가락으로

—「다듬이 난타」 부분

 그런 등 떠밀림은 간혹 흥으로도 노랫가락으로 입에서 흘러나오기도 하는데 홑청처럼 밟혀 지내던 시절을 잊고 부처님 얼굴처럼 살아야 하는 채찍이 그에겐 시였을 것이다. 저릿하고 애처롭기도 하지만 참 장하고 마음속으로 키

위 온 시가 무럭무럭 자라 시인의 숲이 되기도 하는 것이다.

「삽」이라는 시에서는 삽이 삶이라고 말하는 것처럼 들리는 시인의 귀는 세상의 귀가 되고 이 세상에 없는 훈계가 쩌렁쩌렁하다

삽질 한번 안 하고 숟가락질만 하면 삽으로 매질 당해도 좋다고 한다. 유머 같기도 하지만 그 안에 이 나라가 지켜 온 철학이 시퍼렇게 살아있다

> 삽은 숟가락 닮았기 때문이다
> 삽은 발음하면 삶이라고도 들리듯
> 삽질은 삶질인 것이다
> 그러기에 삽질만큼은 삶이 보장되어야 하는 것인데
> 삽질 한번 안 하고 숟가락질만 잘하는 자가 있다면
> 삽자루 매질 당해도 괜찮으리
> ―「삽」 부분

「가래를 찾아서」에서 그의 철학은 가차 없이 절실히 배어 나온다. 삽의 발음이 삶이라고 하는 삶이 아니고서는 삽질할 이유가 없다는 엄격하고 중차대한 삶의 무거움을

이야기한다. "숟가락질만 잘하는 자"는 삶에 불응하는 자이며 이기적이고 더 나아가서는 폭력이라고 밖에 볼 수 없는 일이란 것을 대천명한다.

  삽질은 하늘의 뜻이며 가장 인간적 순응이라는 점도 짙게 묻어 있는 것이다.

    사라져간 많은 농기구 중에 아쉬움이 있는
    것 중에는 가래가 가장 컸다
    큰일에 사용하는 농기구답게 크기도 제일 컸다
    날은 삽날과 같았는데 귀에는 고리가 있고
    동아줄이 꿰어져 있어 일 세기에 따라
    셋 또는 다섯이 한 조가 되어 일했다
    어기여차 ~ 가래 ~ 허
    어기여차 ~ 가래 ~ 허
    구령에 맞춰 흙을 모으거나 뗏장 뜨는
    혼자서 하기 힘든 일을 가볍게 하던 가래
    좀 전에는 포클레인이 올라오지 못하는 산 중턱에
    묘를 조성할 때 사용하는 것을 보았는데
    화장이 대세인 지금 그것마저 볼 수 없다
    우연히 가래질하는 것을 외국인이 보고

원더풀 원더풀 했다는

왜 협동을 해야 하는지를 알게 해주는 농기구

그런 가래질하던 정신마저 사라져

너도나도 독불장군처럼 살아가는

헹가래만 요란한 세상

오늘은 큰일 하나 해치우듯

자주 다투는 자식들 데리고 농기구박물관 찾는다

가래 하나 보여 주기 위해

—「가래를 찾아서」 전문

 농기구가 아버지 어머니며 "나"이므로 농기구박물관에 자식을 데리고 가 보이는 것이 가장 큰 교육이며 산 철학을 보여 주는 일이다. 그것도 잘 다투는 자식들이란 말이 가슴을 친다. 심심해서 일한 것이 아니라고, 순하게 인간의 먹이를 위해 몸이 닳을 때까지 노동해 온 농기구를 보여 주는 일이야말로 아버지 어머니의 뼈저린 노동을 직접 관망하게 하는 것이다.

 특히 혼자 할 수 없는 가래질을 협동의 의미로 뭉쳐지게 하고 독불장군으로 헹가래 치는 이기주의를 "저것은 반인간적이다"라고 보여 주는 것, 농기구의 강력한 교육을 그

안에서 찾고 있는 것이다. 시인은 자식들을 먹이고 키우느냐고 절반의 몸이 고장 나는 것으로 어미 에비는 오직 농기구처럼 자신을 내던지며 살았노라고 보여 주었던 것이다. 삶에 필요성을 사실 농기구에 비유하고 있어서 누구라도 다시 농기구를 찬찬히 새겨 봐야 할 것 같은 충동을 가지게 하고 있다. 대목매목마다 구절주절마다 가슴 어딘가 핏물이 쫙 고이는 시편들이다. 그래서 그는 농기구박물관을 찾는 게 아니겠는가.

    농기구박물관에 가 보았다
    어디서 많이 본 너무나 익숙한 것들이
    너무 많아 순간 당황했는데
    아버지 몸을 해체해 놓은 것들이었다
    나는 내 마음의 칠성판에 뼛조각 수습하듯
    농기구들을 맞추어 놓는다

    자식들 걱정 소리 깨끗이 매어주던 귀 닮은 호미며
    축축이 자식들 생각 가득 넣어놓고 쟁기 지나간 듯
    발고무래질 하던 아버지 넓은 이마 닮은 널기멍석이며
    뒷바라지하기 위해 허리 부러지도록 키질하던 등 같은 키며

생의 가려운데 긁어주던 손 같은 갈퀴며

　　　…생략…

　　　상처투성이의 괭이 같은 발

　　　그랬더니 칠성판에서

　　　아버지가 뚜벅뚜벅 걸어 나왔다

　　　불안한 작물 같은 우리 육남매 자식들

　　　바르고 훌륭하게 키우기 위해

　　　기꺼이 몸은 농기구가 되었던 모습으로

　　　　　―「농기구박물관」 부분

「농기구박물관」은 이 시집의 핵심을 다루고 있는데 이 시로 해설을 끝으로 삼아도 아쉽지는 않을 것 같다. 농기구를 소재로 일생의 삶을 투여해 쓴 시는 드물었다. 찌그러지고 닳아빠진 농기구의 생과 같은 호흡의 운명으로 낡아가는 인간의 생을 더러는 스쳐 지나갔을 어두운 부분의 관계망을 너무나 분명하게 보게 되는 것이다.

"농기구박물관에 가 보았다/ 어디서 많이 본 너무나 익숙한 것들이/ 너무 많아 순간 당황했는데/ 아버지 몸을 해체해 놓은 것들이었다/ 나는 내 마음의 칠성판에 뼛조각 수습하듯/ 농기구들을 맞추어 놓는다//(「농기구박물관」 부분)" 쉽지 않을 듯하다.

농기구가 아버지 몸을 해체해 놓은 것이라니… 시인의 마음의 칠성판에 뼛조각을 수습하듯 농기구들을 맞추어 놓는 아들의 이 기막힌 아버지에 대한 이해와 순응, 이것은 바로 자기 자신의 몸을 보는 듯한 자신의 뼛조각을 스스로 맞추어 보는, 저 먼 거리의 풍경까지 오버랩되는 것이다. 농기구의 대물림은 지극히 현실적 경험의 삶의 질서임에도 아버지를 해체한 농기구는 결국 아들의 몸으로 들어온 빙의 같은 것일지도 모른다. 그래서 더 아프다. 쉽지 않을 것 같은 미진하면서 손이 오그라드는 이 작업은 슬픔의 절정임에도 행동이 멈춰지는 충격이 온몸으로 다가오게 한다.

다시 말하지만 김선천 시인이 말하는 농기구의 이름은 "거룩한 농기구"라고 불러야 한다. 농기구는 전 인류의 아버지 어머니이므로, 그러나 아니다. "거룩한 농기구"라고 해서도 안 된다. 호미를 쇠스랑을 삽을 그냥 직설적으로 아버지 어머니라고 불러야 할 것 같다. 농기구에 빚지지 않은 사람이 어디 있겠는가. 그래서 어머니의 팔 아버지의 어깨라고 불러야 할 것 같은 것이다. 이 나라 국민들이 모두 아버지 어머니라고 불러야 할 농기구를 혈육처럼 오랜만에 살을 대 보는 기분이었다.

현대시학 시인선 063

호미

초판 1쇄 발행	2020년 12월 18일

지은이	김선천
발행인	전기화
책임편집	문지현

발행처	현대시학사
등록일	1969년 1월 21일
등록번호	종로 라 00079호
주소	서울시 종로구 계동길 41
전화	02-701-2341
블로그	http://blog.daum.net/hdsh69
이메일	hdsh69@hanmail.net
배포처	(주)명문사 02-319-8663
ISBN	979-11-86557-80-8 03810

○ 책값은 뒤표지에 있습니다.
○ 이 책의 판권은 지은이와 현대시학사에 있습니다.
  이 책 내용의 전부 또는 일부를 재사용하려면 반드시 양측의 서면 동의를 받아야 합니다.
○ 잘못 만들어진 책은 구입하신 서점에서 교환해드립니다.